AF525200

MICHAEL BUSELMEIER

IN DEN SANDEN BEI MAUER

Letzte Gedichte

Morio Verlag

Alt bin ich geworden indes, mich bleichte der Eispol,
Und im Feuer des Süds fielen die Locken mir aus.

Friedrich Hölderlin, Der Wanderer

Doch gut
Ist ein Gespräch und zu sagen
Des Herzens Meinung, zu hören viel
Von Tagen der Lieb,
Und Taten, welche geschehen.

Wo aber sind die Freunde?

Friedrich Hölderlin, Andenken

Offen die Fenster des Himmels
Und freigelassen der Nachtgeist.

Friedrich Hölderlin, Das Nächste Beste

Wie in Banden

In alten Zeiten schlief ein dunkles Lied
in meinem Hirn vor meiner Stirn ein Wald
voll Grauen wuchs im Schatten Tierkadaver
dicht zwischen Pfahl und Pfahl ein Brunnenloch
dort unter Blätterschichten abgrundtief
worin das Kind aus Holz versank im Bombenrausch

Ich heulte auf doch brachte mir kein Gott
das Kind zurück ins Haus kein guter Geist
Geselle meines Schlafs und meiner Fremdheit
Spanngurte auf der Fahrbahn Splitter vor der Wand
Treuer Johannes sorge mit der Hand
daß wie in Banden mir das Herz das Bein mir heile

Hölderlin in Frankreich

Bin ihm noch einmal begegnet
dem fast schon entrückten Verkünder
des Heiligen

ein umherschweifender Deutscher
der kreischend
davonsprang

über die Stoppeläcker
als ich ihn ansprach
du verstörter Geist

beschmutzte Kleidung
doch edler Ausdruck
des Schmerzes

lächelnd beim Anblick
der griechischen Götter
in dem kleinen Park vor Paris

zu Fuß aus Bordeaux kommend
sprach er ein
miserables Französisch

anheimfallend
dem Staub der Dämmerung
der Landstraße

worin er verschwand
dem schwindenden Licht
der Müdigkeit der Erde

wo sollen wir bleiben

Der Akzent ist die Seele der Rede

(Arnfrid Astel gedenkend)

Plötzlich waren all deine Einfälle
Wortspiele Epigramme verwischt
von einem Moment auf den andern dahin
das versammelte Himmelstheater
Schlingpflanzen Nachtfalter Pilze

ironische Verse vom Sommerregen
der Gesang der Kieselsteine im Brunnen
Leuchtkäferfunde

Hörst du die Grabsprüche von St. Peter
die ich dir zurufe die griechischen
Götternamen Einsichten Linnés
der Schwarzamsel der Grille Totenlied
das Meerrauschen aus der Muschel

Hier ruht deine sanft belegte Stimme
dein Jäger- und Liebhaberblick
getilgt mit einem Schnitt des Skalpells

das endlose Gedicht aus Haikus
vom Westwind wie *Sand am Meer*
zusammengefegt

Lyrische Hefte 2018

(Epigramme in Arnfrid Astels Manier)

Du bist der kühne Einfall
der poetische Augenblick
der Überraschung

Du bist der Blitz aus dem
Planeten der Inspiration
die Schnecke die sich
spiralig
aus der Muschel dreht

Du bist der Schatten
der beschwingt vorüberweht
auf den Abend zu

Wie Sand am Meer hast du die
leuchtenden Verse
unter uns Blinde verstreut

Brach in Tränen aus
der Dichter Jörg Burkhard als
er von deinem Tod erfuhr

Der durch den Acker läuft

Dieses Licht das plötzlich aufschien
der Glanz im Hausflur wenn er eintrat

im blauen Hemd oranger Hose hell
über die Felder hin mit wiegendem Schritt

Flintsplitter Muscheln auflas
Grablieder Einsprüche Fragen

Götter und Helden den toten Sohn mystisch
in Pflanzen Tiere Sternbilder versetzte

wie der Blitz der aus dem Gewölke kömmt
mein Blindenhund subtiler Jäger

der Sappho Hölderlin Hopkins buchstabierte
und die Zeichen auf dem Zahn des Wals

zum Grillenfang Grillengesang … dem stehen
die Haare gelb zu Berge der läuft durch den Acker

Sternbilder

Nachts beginnen die
Pfälzer Sterne zu glühen
über den Hasenställen

über den Zelten
der Kinder
die im Schlaf stöhnen

Der Himmelsjäger
Orion
trägt drei Sterne am Gürtel

Frühlingsbeginn

Die Weinbergschnecke ist fort
gekrochen, den zarten Deckel aus
Kalk oder Elfenbein ließ
sie auf der Mauer zurück.

Am Mühlbach

Frühlingsanfang, der
erste Zitronenfalter
auf dem Blaukissen.

Hundeblick

Der Blick des Hundes, wie er
mich ansah kurz vor seinem Herztod –
Warum hast du das zugelassen?

Lied vom bunten Schwein

(Günter Herburger gedenkend)

Dein Lied es könnte fallen aus der Nacht
in luftiges Papier gewickelt sacht

es könnte steigen aus dem Zimmerbrand
wo Rosemie das Flammenende fand

wo Pelze sprühten Drogen Klopapier
der Wiedehopf im kahlen Flur die Gier

mit der du schriebst und liefst von dort nach hier
in Traum und Wahn geborgen wie ein Tier

im blauen Müllsack röchelnd vor der Tür
der Totemvogel hockt gerupft auf dir

im Koma liegend wie dein Berghirt Jean
das bunte Schwein schleckt dir die Knie an

Auf den Hobelspänen

(Michael Braun gedenkend)

Dein Grab / hart geschnitten ins Wintergras
polternde Erde
hörst du sie Fremdling
unter der Wehr aus Tannenholz
die wimmernden Glocken

Hörst du die Stimmen der Dichterinnen
die deine Sanftmut preisen
philosophische Schuhflicker
aus Hauenstein ringen
ums lange Gedicht

Mein Platz ist brüderlich bei dir
im Kühlen Grund auf den Hobelspänen
viel zu früh hast du dich
in die Büsche geschlagen
mit dem rostigen Eisen

am Rohrbach bei der bewußten
Eichendorff-Hecke
nach unserem letzten Gespräch
zu Enzensbergers Ende
blickten wir uns lange an
über den Paradiesgarten hinaus

Kriemhildenstein

(Wulf Kirsten gedenkend)

Ach diese Ausschweifungen *per pedes apostolorum*
in Wanderschuhen aus DDR-Bestand
schniebend und *schnopernd*
vielwissender wortschöpfender Freund!

diese Fußmärsche frühmorgens
zu den Bauernkaten der Häusler
Feigenbäume vor jeder Stalltür
Hof- und Höllenhunde mit ihrem Gebrüll
acht Stunden lang von Dorf zu Dorf
durchs pfälzische Schwarzspechtrevier
an schäumenden Quellen vorbei
zum Kriemhildenstein – *Erdlebenbilder*
entdeckt im spitzigen Berggras die Werkstatt
des Dichters Malers Tonsetzers Werner
wo die Ginsterschoten so hell raschelten
knisterten … Hexenbesen Besenweg Hohlweg

Unterwegs beim Pinkeln hattest du
deinen unersetzlichen Wanderstab verloren
ich gab dir den meinen

in der Mittagshitze vom Obstgarten her
der Grasmücke Gesang / Überschwang
und fauliger Moorwassergeruch

An einen nahen Freund

Rücklings im Feld ruhst du
im Regen Wind der raschelnd
durch die Halme rinnt

in deinem schwarzen Sonntagsanzug
stabiles Eichenholz
hält noch eine Weile

die Erdwürmer fern
vom faulenden Fleisch
und den freundlichen Augen

Nein ich mag nicht Zeuge sein
wie sie zerfließt deine schneeweiße
Haut wie die gewölbte Denkerstirn bricht

dort im feindlichen Lehm / Kalk
unter dem knisternden Nachtmond
mit eiskalten Füßen

Auf dem Russenfriedhof

(Oleg Jurjew gedenkend)

Ein verspäteter Bläuling
mit zerknitterten Flügeln
auf deinem blauen Grab

Trostgebärde aus Sankt Petersburg
ein guter Rat des Mondes
vom Kuppeldach

über die Unsterblichkeit
der Dichter Ikonenmaler
ironischen Briefschreiber

Joseph Brodsky mit seinen Eltern
Liteiny Prospekt 24
in schäbigen eineinhalb Zimmern

Dauerregen ein Schiff
aus struppiger Eibe
und Libellenflügeln

die sanften Toten
tragen Goldstaub mit sich
von der innersten Kruste der Erde

Der aus dem Himmel fiel

(Johannes Harnischfeger gedenkend)

O Sternenschweif / Auffahrt ins Licht der Theorie
O Flug und Sturz ins Erdreich
tief in spitzes Gras
vom Morgengrauen gekühlter Tau
und geisterhaftes Blau
die heiligen Schriften auf der Haut

All die geschliffenen Essays
verstreut im schwarzen Wald
auf roten Aschepfaden
die zeugen sollten von deinen
Talenten Tränen Trümmern
auf dem verlorenen Kontinent

Wo immer ich ankomme
an einem Dienstag einem Donnerstag
suche ich deine Geistesspuren
in Schubladen und Uhren
ich grabe im leeren Friedhofsbeet
wie das Kind nach dem Groschen

Lazarus

Gesichtsschmerz Hirnschwellung
Fruchtwasser Kanal
eine Katzenmusik unterm Marterpfahl

Mein Urahn Lazarus im Koma
eine Binde um den Kopf
mit aufgenähten Knopfaugen

Patron der Totengräber Rocksänger wie David Bowie
grell aus der Gruft hervorsingend
mit offener Schädeldecke

von Versen umweht vergilbten Grabtüchern
im Grottensand wo ich dies knisternde
Pergament fand den zerbrochenen Spaten

Das Krächzen der Bäume

Dieser frühe Tag im steinernen Haus
auf der Insel der Winde Gespräche
in Feuer getauchte Gerüche Gedichte
weiser Poeten seit Pindar Homer
die uns Zeichen und Beispiel geben

Dazu das heisere Krächzen der losen Stämme
die ihre Rinden aneinander reiben
ächzend im Schlamm des Waldes
im Wurzelbereich von Tieren zerwühlt
von Stürmen und Stimmen

Es quietscht es pfeift es jault bis ins Haus
wie glänzen die Baumblätter jetzt
nach dem Regen ... sie tuscheln und murmeln
wie Quellwasser der Gesang von Fröschen
dazwischen das Trommeln der Spechte

Alltagsgedicht

(Heidelberg, März 1994)

Dieser Penner der Freak da
mit dem fettigen Grauhaar
ruft mir vom Straßenrand zu

hey Stadtführer Radfahrer
weißte schon –
Bukowski is tot

gib mir sofort fünf Mark

Im Schlauraffenland

… da waren zwei Krähen
die mähten eine Wiese

da sah ich einen Esel
mit silberner Nase

sah zwei metaphysische Mäuse
einen Bischof weihen

und eine Katze einem Bären
die Augen auskratzen

ich sah einen Herrscher tot
in einem Wassertrog treiben

ein Bartscherer schor
einer Frau den Bart ab

zwei Säuglinge hießen ihre
Mütter stillschweigen

und eine rote Kuh schoß
das Fleisch in den Ofen

In den Sanden bei Mauer

Wieder den Sommer gesucht in den Falten der alten
Fotoalben der Kindheit Glut und Verblassen
am Waldrand die Farben der Frühe vor dem
duftenden Holzhaus der einbeinige Truthahn
als Wächter der Sande … schattige Plätze zur
Mittagszeit staubige Scheunen Summen des Winds
der Insekten im Bernstein Kiessprache unterm
Holunder der verwahrloste Junge ohne Vater ohne
Mittagessen der aus Langeweile einen Laubfrosch
seziert im Halbschlaf das Scharren der Hühner
vernimmt das Knistern der Maikäfer in ihrer
streng riechenden Schuhschachtel

Zurück immer weiter zurück vor meine Geburt
als Otto Schoetensack 1907 Reste des ersten
Europäers entdeckte vierundzwanzig Meter tief
in den Sanden bei Mauer den gespaltenen Unterkiefer
des Urmenschen glattgeschliffen mit sämtlichen
Zähnen … Jäger noch jung vielleicht angetrieben
an dieser Flußschleife im fischreichen Neckar
Ging aufrecht lebte in Höhlen trug Waffen Geräte
aus Holz aus Stein beherrschte das Feuer – doch wie
sprach dieser Vorfahre stieß er grunzende Laute aus
bildete er Wörter Gesten … dort seine Fußspur im Löß
umstanden von Farnen und ernsten Vögeln der Vorzeit
begleitet von unbekannten Sternen und Frösten

Urvater Adam alles ertrugst du – schwarze Sonnen das gurgelnde Meer den näher rückenden Eispol heimkehrend mit Häuten behängt von den Wettern gebleicht in die Höhle der Horde am Hang mit dem rettenden Feuertopf zu gebratenem Fleisch von heiligen Tieren im beißenden Rauch an feuchte Felle geschmiegt Schleifspuren im Sand tote Furchen im Wald bei den Holzwürmern Staub ständig Hunger Asche im Haar im Affengesicht die Salzlinien am Grubenrand … wie ich lallend daherkomme mit aufgeblähtem angeschwollenem Kopf ein schwammiges Kind mit Pelzen beklebt halslos schleichend durchs wilde Distelfeld her wie im Rausch köpfend der Steppe grellgelbes Gesträhn

Bombentrichter (kleine Poetik)

Der verkohlte Engel
  unter dem verwundeten
    Haselnußstrauch

Die Bruchstücke
  Kopf Flügel Füße
    trug ich gebündelt

über Trümmer von Genien
  Schrifttafeln schimmernd
    ins Baggerloch

Fluchtort des Kindes
  Bombentrichter
    wo ich ungestört lag

wo ich anfing wahrzunehmen Worte
  in die Wand ritzte Bilder träumte
    die Arme unter dem Kopf

Auf dem Dachboden

In Wiesbaden bewohnte ich 1967
eine Dachkammer ohne Licht und Heizung
für drei Mark pro Nacht

Feuchte Laken
klatschten mir beim Heimkommen
ins Gesicht

Manchmal war die Wäsche
steif gefroren
und knarrte

wie die Tür zum Speicher
der alte Schaukelstuhl die zwischen den
Balken versteckten Taubennester

wie das Seil an dem eines Morgens
der junge Nervenschauspieler
baumelte

Farm in Zululand

Seit Tagen schon plätschert der Regen
auf das Wellblechvordach
wo ein Käfigvogel schreit

Im Glasregal Romane von Simmel
der Kettenhund Hitler heult draußen
im Rauschen der innehaltenden Zeit

Erkennst du die schwarzen Schatten im Zuckerrohr
mit gelb glänzenden Gummijacken
die Schlapphüte voller Regenwasser

Herr Junge der deutschstämmige Farmer
dem rechts zwei Finger fehlen
legt die Pistole mit der er

die Schwarze Mamba den Weißen Hai erlegte
schwer auf den Küchentisch
wie damals als die Buren

hier noch das Sagen hatten
in diesem irren halbwilden Land
in dem er 1925 zur Welt fand

Sankt Pantaleon

Blutspritzer über den aufrecht
gemauerten Steinplatten vielleicht
ein Bibelvers eine Liedzeile

um die kleine romanische Kirche
zwischen Kalkfelsen
quellen Kindergräber hervor

der heilige Märtyrer segnet
die moosüberwachsenen Löcher
von Maden und Regenwürmern bewohnt

Bruchstücke einer Nilreise

Ich sah den mythischen Nil endlich die grauen
Feluken nachts ins Totenreich unterwegs
voran die goldene Amunbarke

ich sah die umgestürzten Götter
die entmachteten Herrscher aus Granit
den Säulenwald von Karnak

sah die Zabbalin im Müll wühlen
das Menschengewürge und Summen
im Auge der Großen Sphinx

die geduckten Koptenhäuser
knistern im Wind die nackten Toten
in ihren Kammern flüstern

Blaue Bilder aus Paris

(Rudolf zur Lippe gedenkend)

Blaue Bilder trugst du mit dir aus Paris herüber
monochrom blaue Gemälde in einer Kiste mit Büchern
die (sagtest du) für mindestens drei Monate reichten

ein Schimmer von Wasser Wind Weiden so fern
in der Senke gefiedertes Schilf in Bewegung
die Halme sommerlich hell von blühenden Sternen

aus der Jugend herbei dieser gläserne Mittag im Freien
ein verborgener Froschteich der erdbraune Rest
eines faulenden Boots Weinfässer rostige Schienen

die in den Steinbruch führen zu zerbrochenen
Silos (Heidelberger Zement) Loren voll mit
getrockneten Knochen längst ausgestorbener Arten

Weidengrün klettert die Kalkwand empor
hellblaues Schlackengebirge die verwischte Inschrift
des Urfischs Urfroschs im gelben Gestein

Klagelied

Das Haus meiner Kindheit liegt tief im Wald
versunken der Ort meiner frühen Indianerspiele
gestorben sind fast alle Höhlenkinder
Hühner und Hasen lagern im Hof
unter dem Fleischerhaken

Tot sind die wenigen Freunde oder sie darben
ans Bett gebunden im Greisenheim ich höre sie
flüstern und stöhnen in der Winternacht
doch das alles beherrschende Lumpenpack
hat mich auf die Straße geworfen

Man hat mich aus dem Garten Eden
aus Novalis' Nähe vertrieben
aus den pfälzischen Weinreben
aus des Knaben Wunderhorn verjagt
in dem ich aufgewachsen bin mit all
seinen Mythen Fasanen und Lieben

Ich will allein sterben

Ich bewege mich so, als wäre mir nichts passiert
und ich noch immer ein Jüngling forsch unterwegs,
könnte stundenlang im Schulhof Fußball spielen,
die Enkel nebenbei im Schach, im Langlauf besiegen,
mit meinen kaputten Blutgefäßen, der Atemnot fliegen,
beschäftigt mit Modethemen wie Neger, Klimakleber,
staubtrockene Felder, ständig sterbende Wälder …

Doch neuerdings meide ich Bibliotheken und Brillen,
auch Metzgereien, Museen, ich fürchte Supermärkte,
Kirchhöfe und die langen Waldspaziergänge,
das Gedränge mit anderen Radfahrern, Gespräche
mit Kleinkindern und Hunden. Heule auf beim
Anblick der auf der Leine flatternden Unterhemden
im Hinterhof, wo eine Luftschutzsirene kreischt.

Ich hasse *Kulturprogramme*, und Ekelbegriffe
wie *Revoluzzer* tun mir körperlich weh, als wäre mein
früheres Leben mitgemeint. Nein danke, ich brauche
keine *Zuwendung*, ich will nicht angesprochen,
nicht angeheult werden. Laßt mich einfach in Ruhe,
berührt mich nicht. Verschont mich mit euren
Wangenküssen. Ich will allein sterben.

Über Marionetten

Als ich vier oder fünf war
verlor ich meine Holzpuppe
im Fliegeralarm nachts
auf dem Weg zum Luftschutzbunker
schlaftrunken an der Hand meiner Mutter
konnte sie nicht mehr finden
ein Leben lang

War sie verbrannt in einem Kanalloch
einem Bombentrichter verschüttet
lebte sie nun bei einem anderen Kind
Warum schickte sie mir von dort
nie eine Botschaft

Als ich fünf oder sechs war
starb die Großmutter im Klo
Ich stand im Flur während
fremde Männer sie vorbeitrugen
ins Schlafzimmer
Ihr Mund war schief die Lippen blau
und ihre Arme baumelten herab
wie die einer Marionette

Ein halbes Leben später im Juli
als das Jahr gerade zu enden anfing
hielt ich die Mutter im Arm
und schüttelte sie
die ohne Blick war und schlaff
wie eine Marionette
als wäre nach so langer Abwesenheit
die Holzpuppe wieder zurück

Mein großer Freund Shane

Urplötzlich nahte er dem Weidezaun
und bot dem Farmer seine Hilfe an
mit blondem Haar, sehr hell gekleidet, grau
sein Pferd, die Colts erglänzten Hüfte lang.

Er stieg herab, er lächelte, griff zu,
tat, was zu tun war: erlegt die Feinde.
In lichter Waffen Scheine stand er da,
vom Gral gesandter Rächer auf der Weide.

Der Junge flehte, bleib doch bei uns, Shane!
Wie sollen wir weiterleben ohne dich?
Doch er ritt westwärts in das Abendlicht.
Ich darf nicht weilen, wo man mich erkannt.

Ihre Stimme

Wenn ich die Stimme meiner Mutter höre
vom Treppenhaus her nachts im Traum,
erwachend lausche ich dem Atembaum,
dem Nachhall ihrer Schritte, bis ich spüre,

sie nähert sich auf Socken meiner Wohnung,
ich höre nah das Hecheln eines Tiers,
das mitgekommen ist aus einer Schonung
im Unterholz des Waldes zwischen Schlier.

Wenn ich die Tür zum Treppenflur hin öffne,
das Tier hereinrufe mit heiserer Stimme,
weil ich das Tapsen seiner Pfoten kenne,
wo Puppen, Uhren durcheinanderrennen

in Räumen, Gassen leergestorben, kalt,
bald nach dem Krieg im grellen Vollmond, alt,
im Garten schwanken Schatten von Erhängten.
Die Trauer um die Mutter wird nie enden.

Laubrascheln

Wer kniet auf meiner Brust zur Nacht
wer würgt mich mit den Händen sacht
ich wehre mich nicht liege wach

Ist es der Meister der mich ruft
ist es die Mutter aus der Gruft
ist es der Duft des Salbeis

Jäh mit den Schenkeln um den Hals
der kühle Griff des Kabels als
Würgestrick schrei Alter schrei

An den Stricken

Wo ist das Haar aus Schlaf, die Sonnenflocken
die mich durch meine Tage locken – Rufe
bei offenem Fenster, Finsternacht hellgrün
die Kirchenglocken dröhnen durch Kastanien
Blätter mit Blüten weiß und rot

Du hörst im Traum die frommen Lügen kommen
vom Platz voll Staub und Asche, Panzerwracks
und Autoschrott, im Schlamm ein abgesoffener
Luftschutzbunker, dort hinter einem Vorhang
lugt der Päderast

Du liegst im Bett, die Sommerdüfte dringen
von Westen schmeichelnd ein, du wartest lange
hörst die Stimmen der Hühner kurz vorm
Schlafengehen, sie scharren noch, dann zappeln
die Erwürgten an den Stricken

Späte Entdeckung

Was aber steht dort an der Wand
über dem Doppelbett *Heimat Vaterland*
schief mit Blut oder Ruß
mit Schulkreide geschrieben …

Der Schatten des Schaukelstuhls
tänzelt auf der
vergilbten Blumentapete
mit dem Sonnenzeichen

dazu die Namen der Fremden
die versteckt hier in der Kammer
gehaust haben
kaum noch lesbar

die lang verborgenen Dokumente
ein paar Fundstücke
feucht zwischen den Ziegeln
unter Vogelnestern

ein Roman von Kleist vielleicht
Georg Büchners verschollener *Pietro Aretino* …

In der Leere des Mittags

Der Junge dort vorm Gartenzaun
warme Münzen im Hosensack
könnte ich sein der kleinste Prinz
unter der Frühlingssonne

der im Hinterhofkino
auf dem Rasiersitz
Tarzan Zorro John Wayne nacheifert

der die Maikäfer und ihre Lieder
vom Kirschbaum schüttelt
direkt in die summende Schuhschachtel

der ihnen die Köpfe abbeißt
fünf Pfennig pro Käfer
gleich nach dem Kindergottesdienst

Ich bin auch der Junge mit Gasmaske
bemüht nicht auf die Fugen
des Pflasters zu treten

der selbstvergessen mit Quecksilber
Stahlkugeln Granatsplittern hantiert
in der Leere des Mittags

der zusieht wie die tote Großmutter
aus dem Klo geschleppt wird
das Gesicht lila verfärbt

der im Kinderheim schreit und schreit
Essen und Schlaf verweigert
einen Kriegssommer lang im Loch

Ich bin der Bastard von allen abgetan
ein zartes Tier ein mißbrauchtes Kind
in der Leere des Mittags

Röcheln

Ein kleiner roter Ping-Pong-Ball
springt über den Gartenweg
die Treppe hinunter

Stille ums struppige Haus
während Mutters letzter
rasselnder Atemzüge
schlägt ein Fenster zu

und der Dachshund
hüpft jaulend auf ihre Brust
an diesem ganz normalen Julitag

Ihre Momente meine Momente
die Momente des Hundes
und die des Balles
der nun am Wegrand liegt
leicht zitternd

Schweißtropfen ein grobes Röcheln
das haften geblieben ist
für alle Zeit

Eisenhans

Als ich vierjährig mit dem Dreirad losfuhr
über das rissige Pflaster
im Pfeifen im Rattern der Güterzüge
und auf der Lenkstange
die erste Frühlingssonne blitzte

wie im Auge meiner Mutter
die für immer vom Balkon aus
mir zuwinkt
die Julizeit stillsteht

ein Taugenichts in der Mittagshelle
der auf den Märchenwald zufährt
auf das dunkle Auge des Teichs
mit all seinem Tod

wo die braune Hand von Eisenhans
nach mir greift und mich hinabzieht
ins vergeßliche Wasser

Was für ein schöner Abend heute
So verlockend klang seine Wasserstimme
auf einem Tonband aufbewahrt

Kindersterbelied

Ein krächzender Kinderwagen rollt
durch den frühen Abend ich folge ihm
gelassen über die Straße

Wund mit verzerrten Zügen
liegt das Kind da
gelblich verwest
und die Frau sagt mit fremder Stimme

es hat einen Tumor im Hirn
es hat ein Auge verloren
bald stirbt es

Ich will es nicht sehen
Gott Tod und alle Scham über mich
ich kann es nicht anfassen

Eine schwarze Katze schleicht vorbei
ich folge ihr mit geschlossenen Augen
ins tiefere Dunkel

Kellnerin

Ich sah zu ihr hoch
während sie mir
die Suppe einschenkte
eine Ewigkeit lang
über mich gebeugt

das blasse Gesicht nach dem ich
mich immer gesehnt habe
dicht vor mir
hellgraue Augen
das Haar hochgesteckt
der schwarze Pullover
auf dem sich die Brüste abzeichneten

so unnahbar fremd
sah sie auf mich herab
ohne mich wahrzunehmen
in meiner Ecke am Katzentisch
unter dem Tresen
auf meine Mutter wartend
in einer dieser miefigen
Nachkriegskneipen

Memorial

Sonnentag Lärmgeröll – ein
in den Glasfronten gespiegelter
Silberflügel
                    verbrannter Teer
geschmolzener Text
Abgesang einer Sirene über dem

Wassersarg raschelnde Asche
ranzig durch Ritzen rieselnd
Knochenfund
                    freigekratzt mit
Federmesser Kinderschaufel Pinseln

Weltnacht so schwarz auf-
schäumend im Wolkenloch
worin alles Licht
                    versickert
nach Moos und Moschus
nach *Mors* riechendes

Massengrab das vom Feuervogel
erzählt von Flamme und Rauchfahne
klirrender
                    Sturzflug aus dem 22. Stock
daß aufreiße die Erde quer
über die Meridiane

Blütenduft Betongeröll

Greisenalter

Kann nicht mehr fort darf nicht mehr raus
bewege mich allein ums Haus

zusammen mit dem fetten Kind
verfault zerschlissen farbenblind

am fernsten Ort im Kühlen Grund
zerbröselt Kalk im kargen Rund

blickt hoch das altgewordene Kind
zum Dichter der sich dreht im Wind

die Atemmaske vor dem Mund
gleichst du dem blassen Pudelhund

Achtzig verweht

(Sonett im barocken Ton)

Dies fiese Alter, das dich nunmehr anbeißt,
Haut, Knochen, Fleisch und feuchte Innereien,
das dir den Magen, Darm die Leber aufreißt;
der Blick wird mild, die kranken Ohren schreien.

Blau aufgequollen ist das Hasenherz,
verstopft die Adern: Eiweiß, Kalk, der Schmerz
versandet, füllt dich an, ein Sofakissen,
ein schlaffes Meer – du hast dich selbst beschissen,

wie du so trostlos in den Kübel rappelst
und dich mit andern Windelträgern kappelst,
am Fensterkreuz die Unterhose zappelt.

Mitten im Schlafsaal stehst du, nackt, verlegen,
reißt dir die Schläuche aus dem Leib verwegen:
Mein Sohn soll kommen und mich trockenlegen.

Auf dem Rand einer Zeitung

(zu meinem 85. Geburtstag)

Seltener jetzt und stockend gehe ich in den Wald,
ohne Kinder, Enkel, die mich nicht mehr brauchen,
immer häufiger bleibe ich stehen, atme schwer;
das Herz dröhnt, ein Druck auf Brust und Rücken,
der Darm in Aufruhr, die Haut juckt.

Oder ich sitze beim Frühstück in der Küche mit K.,
die mich mal für ihren Vater, mal für ihren Bruder hält
und vor sich hinstarrt wie ein sehr altes Weib.
Aus dem Radio der übliche Frohsinn, und ich spreche
sie an, all meine stummgemachten Gefährten.

Keine Nachricht von euch, niemand ruft mich an.
Vermißt keiner meinen *Jugendmut*, meine Späße?
Ich bin euch nicht böse, doch mein Gedächtnis
funktioniert noch, der *gesunde Haß* ist noch wach.
Danke für das autonome Sprachkunstwerk,

für das absolut freie Gedicht. Danke für die
Zwischentöne in Zeitschriften und Büchern,
die ich lesen durfte, für Adalbert Stifters Werke
und die Märchensammlung der Grimms. Danke
für die große Theaterkultur, die ständig verhunzt wird,

für ein Leben am Rand, ganz ohne Laptop,
Auto und Handy. Danke für das Radfahren
am Altrhein, die Lieder der spanischen Anarchisten,
die geladene Waffe Durrutis, den Nachtgeist,
das Osterfeuer gleich hinterm Haus.

Zauberspruch

Meine Totems waren Boote
frischgebackene Bauernbrote
eingewurzelte Gebote
Erbsenschoten lebend Tote
der verfluchte Unglücksbote
zwei drei aufgeschlitzte Rote
auf des Teufels schwarzer Pfote
in der Hölle qualmen Schlote
Tier- und Menschenpack – Idioten

Mein Nachbar ist tot

Stille / der Schatten des Greifvogels
über dem Acker

Das Windrad / Wasserrad / Sonnenrad
dreht sich in die Gegenrichtung

Klopfkäfer und Totenuhren
bohren Löcher ins Treppenholz

der strenge Geruch des Marders
im Gartenhaus

Mein Nachbar ist tot
ich seh ihn nun ständig im Freien

drüben in seinem Unterstand
oder mir zuwinkend auf der Leiter

in seinem weinroten Lieblingspullover
und heller Hose

er mußte im letzten Weltkrieg als Soldat
mit sechszehn an die Westfront

zuletzt das Loch im Zaun geflickt
die Maulwurfshügel zertreten

bevor Finsternis einfiel

Ruinensprache

Gehämmer Geröll
Geruch von Moder und Mörtel
metallische Schreie
als wären es Klagerufe
im Keller gefangener Krähen

Schlünde Abgründe
ich folge den Winden
den Wunden emporgewachsen
aus Krieg und Nachkrieg
unter Verstümmelten

Flüchtlinge aus Schächten
am Flußufer verborgen
wärmender Kindheit
mein Jugendmut hier
schäumte er auf
doch wo sollen wir wohnen
mitten im Schutt der Ruinen

vom Meer angeschwemmt
fern aller Mutterlaute aus Ungarn
aus Polen *vertriebene Wandrer*
mit wunder Haut
und Gedächtnisschwund

Weithin tönt Philoktets Klage
fort *unterm Feigenbaum*
wo du zuerst ihn gesehen
im Schweiß der Turnhalle
den auf Lemnos Ausgesetzten
mit seinen tödlichen Pfeilen

Auf der Eiskante

Sie schluchzt im Schlaf sie weint im Traum
Ich hör sie durch den Weltenbaum

Sie ist der Pfeil in meinem Fleisch
Sie ist der Schmerz in meinem Reich
Sie ist das Eis im Augenteich

Bin so gereizt voll Groll auf sie
Der Stachel in der Brust ruht nie

Du bist der Blitz

Lange such ich dich schon, wo du auch sein magst,
Frau vom anderen Stern mit dem schweren Haar,
helle Haut hinter der Eisenbahnbrücke, Holzlager,
Ziehbrunnen, hart am Savannenrand / Bücherwand.

Ich bin dein Wächter und Wäscher, Stallbursche,
dein Koch, ein Stück Fleisch, die Nacktschnecke
in deinem Salat. Du bist die Wurst in der Wanne,
die Windelhose, der gute Morgen, der schreckliche

Laut in der Frühe. Du bist das Schweigen im Flur,
die taube Seele, ein Knirschen hinterm Dornbusch,
das plötzlich verstummt. Ich bin die Eisenstange,
der rostige Spaten, das Blutbad zum Neuen Jahr.

Ich bin dein Vater dein Sohn deine Mutter in einem,
bin auch der Bruder, den du nie hattest, der Gehbock.
Du bist der Blitz, der das Karussell in Gang setzt
und die Geschichte erhellt, der Schrei, der nicht endet.

Du bist das immergleiche Musikstück, das sprechende
Haustier mit ständig schwarzen Fingernägeln, die Made
im Nest. Du bist der Riß im Vorhang, der Hilferuf,
die Entfernung des Kehlkopfs: Du bist das Vergessen.

Im Spital

Schroff aufgebrochener Boden wandernde Ränder …
Wie ich in Schlaf fiel und jäh erwachte
nachts voller Furcht leere Flure durchlief
nach den Gefährten rief die alle schon länger
stumm waren … im Bett neben mir ein Unbekannter
Unheimlicher wie tot daliegend in seinem Urin
Das grell erhellte Spitalzimmer mit farbig
blinkenden Warnlichtern über den Betten so reinlich
leergestorben mir völlig fremd wie verblichene
Laken über den Bahren einer abgelebten Zeit

Unsere schwarzen Herzen

Wir blühen nicht mehr, wir welken dahin
ein paar Blutstropfen
im grauroten Staub zu unseren Füßen

Wir dämmern zwischen Abendbrot und Krankenstuhl
wie Krokodile träumend wie Knochenfunde
in ihrer Abwesenheit

Wir verspielen Goldklumpen Gutshof Sonnenrad
hausen im Stadtpark, schlafen im Müll
überglänzt von Narzissen

einer uralten Müdigkeit
grau Fremdes Krummes
Unverständliches murmelnd

Gewiß werden wir leiden
an unseren schwarzen
hochmütigen Herzen

Inferno

Die beiden letzten Menschen
Winnie und Willie
stecken bis zum Hals im Dreck

sie bemerken das nahe Ende nicht
in ihrer Einfalt

Glückliche Tage

Was soll das hier werden, ein positiv gefärbtes Nachwort etwa, oder ein apokalyptisches? Und die naheliegende Frage: Wie fühlen Sie sich mit fünfundachtzig? Schreiben Sie doch einen Brief an die Leser, schlägt der Verleger mir vor, einen Monolog über den „erlebten Tag" oder wenigstens den „gelungenen Augenblick" des Schreibens. Gerade jetzt, letzte Lebensphase; Verluste, wohin man schaut. Ich sehe und höre schlechter, ich schrumpfe (werde tatsächlich kleiner!), körperliche und geistige Ausfälle häufen sich. Was also tun?
Soll ich eine Hymne auf das Altern schreiben, bloß weil ich mich so lange aufrecht gehalten habe, als wäre das zuerst *mein* Verdienst ... Ich bin faktisch arbeitslos, Zeitungen und Funkanstalten nehmen mir nichts mehr ab. Als Ausländer oder als Frau hätte ich im Kulturbetrieb noch eine Chance, aber das Alter hat hier keine Fürsprecher. Vor wenigen Jahren, zu meinem 80. Geburtstag, habe ich unter dem Titel „Mein Bruder mein Tier" *späte* Gedichte veröffentlicht, die fast unbeachtet blieben, nun sind es *letzte* Gedichte, bald vielleicht *allerletzte* ...
Ich erlebe auch viel weniger als früher. Seit Jahren verlasse ich, meiner dementen Frau wegen, nur zum Einkaufen oder zu Arztbesuchen das verriegelte Haus. An Ferien- oder gar Lesereisen ist nicht mehr zu denken. Hinzu kommen Herz-, Knochen- und Darmbeschwer-

den, andauerndes Hautjucken … Was täte ich ohne die Kinder, besonders die Enkel, die mir zur Seite stehen … Gibt es überhaupt so etwas wie „glückliche Tage", wenigstens „glückliche, sieghafte Wörter", rundum positive Lebensmomente, oder doch nur ein „Erlahmen der Jagd nach dem Glück"? Tatsächlich fühlt sich die alternde Winnie in Becketts Zweiakter „Glückliche Tage" (1960) eins mit sich und zufrieden mit ihrem Leben und ihren Erinnerungen, obwohl sie langsam, ohne es zu bemerken, im Erdboden versinkt. Und das Wort *glücklich* ist hier nicht ironisch gemeint. Auch in Becketts Einakter „Das letzte Band" (1958) forscht ein verwahrloster Greis auf alten Tonbändern nach einem „glücklichen Moment" aus seiner Jugend. Er erinnert sich einer Bootsfahrt mit einer jungen Frau auf einem See: „Mein Gesicht in ihren Brüsten und meine Hand auf ihr. Wir lagen regungslos da. Aber unter uns bewegte sich alles und bewegte uns, sanft auf und nieder und von einer Seite zur anderen."
Auch ich erinnere mich glückhafter Jugendtage, leuchtender Momente. Frühe fünfziger Jahre, so kurz nach dem Krieg, welche Stille! Kaum Autos auf den Straßen, eine fast kleinstädtische Idylle und Geschichtsvergessenheit. Pfingsten, Fronleichnam, katholische Festtage, mit viel Weihrauch und frommen Liedern (auch Lügen) begangen, waren für mich das Signal eines existentiellen

Aufbruchs in die sommerliche Landschaft, frühmorgens allein auf besonnten Feld- und Waldwegen, Jasmin und Vogelgesang. Oder mit einem Mädchen auf einer Bank über dem Judenfriedhof, ich berühre sie, unsere Blicke sind gen Westen, zur Abendsonne gerichtet. Oder ein langer Spaziergang durch den Schwetzinger Schloßpark, die naturbelassene Altrheingegend bei Ketsch. Ich könnte auch Beispiele aus der frühen Kindheit nennen – stets ist die als hilfreich, ja rettend empfundene Natur, oder richtiger: die heimatliche Landschaft mit im Spiel. Auch Tiere sind dabei, Hühner, Katzen, Hunde, vertraute Blütendüfte, das Bachrauschen. Apfelbäume am Wegrand oder Heidelbeersträucher.

Früh, schon zur Schulzeit, habe ich Samuel Beckett für mich entdeckt; zuerst wohl das Hörspiel „Alle, die da fallen“ (1958). Ein besonderer Mensch, dachte ich, auch äußerlich: Der edle, wie gemeißelte Kopf, das Gesicht hager, zerfurcht, und ebenso das plastisch geformte literarische Werk, engmaschig gefügt aus Wörtern, harten Prägungen, Wiederholungen, und dicht rhythmisiert. Der grundeinsame Mensch, auf einer kahlen Bühne spielend und sich so die Zeit des vergeblichen Wartens zwischen ursprünglichem Paradies und Tod vertreibend. Wir gebären, heißt es in „Warten auf Godot“ (1952), „rittlings über dem Grab und eine schwere Geburt. Aus der Tiefe der Grube legt der Totengräber träumerisch die Zange an.“ Der Einsame wächst spielend dem Tod entgegen, ist ein anderer Sisyphos, den wir uns ebenfalls – so Albert Camus – als einen „glücklichen Menschen“ vorstellen müssen, was zu begreifen mir noch immer nicht leichtfällt. Sollte das tägliche absurde Sich-Abstrampeln, das sinnlose Weiterzappeln bis zum Ende, das heroisch anmutende *Ausharren* „im Dreck“, den nährenden „Jutesack“ unterm Arm, so etwas wie Glück bedeuten?

Michael Buselmeier wurde 1938 in Berlin geboren und wuchs in Heidelberg auf, wo er noch immer als Schriftsteller, Publizist, Herausgeber und Literarischer Stadtführer lebt. Er hat zahlreiche Bücher veröffentlicht, auch einige Preise erhalten. Zuletzt erschienen der Gedichtband „Mein Bruder mein Tier" (2018), der Essay „Man macht alles nur mit Fanatismus!" (2019), das Prosawerk „Elisabeth. Ein Abschied" (2021) sowie das Lebensgedicht „Wie ich zur Welt kam" (2022).

Zu Buselmeiers 80. Geburtstag kam 2018, ediert von Michael Braun und Ralph Schock, die Festschrift „Nichts soll sich ändern" heraus.

Inhalt

Mit freundlicher Unterstützung der Stadt Heidelberg.

Morio Verlag, ein Imprint der mdv Mitteldeutscher Verlag GmbH
www.morio-verlag.de

Gesamtherstellung: Mitteldeutscher Verlag, Halle (Saale)
Umschlagabbildung: aksol – shutterstock.com

ISBN 978-3-949749-12-4
Printed in the EU